AF313539

ÉTUDE

SUR LA

BIENHEUREUSE

RAINGARDE DE MONTBOISSIER

Surrexerunt filii ejus et Beatissimam prædicaverunt.

Ses fils se sont levés et l'ont proclamée Bienheureuse (Prov. XXXI, v. 28).

CLERMONT-FERRAND

LIBRAIRIE CATHOLIQUE

M. BELLET ET FILS, ÉDITEURS

4, Avenue Centrale, 4.

—

1888

ÉTUDE

SUR LA

BIENHEUREUSE

RAINGARDE DE MONTBOISSIER

> Surrexerunt filii ejus et Beatissimam prædicaverunt.
>
> Ses fils se sont levés et l'ont proclamée Bienheureuse (Prov. xxxi. v. 28).

CLERMONT-FERRAND

LIBRAIRIE CATHOLIQUE

M. BELLET ET FILS, ÉDITEURS

4, Avenue Centrale, 4.

—

1888

ÉTUDE

SUR LA

BIENHEUREUSE RAINGARDE DE MONTBOISSIER

> Surrexerunt filii ejus et Beatissimam prædicaverunt.
>
> Ses fils se sont levés et l'ont proclamée Bienheureuse (Prov. xxxi, v. 28).

Des hommes sérieusement épris d'un amour filial pour l'Auvergne, leur berceau d'origine ou leur pays d'adoption, se sont imposé le doux, mais difficile labeur, de reconstruire l'édifice de son passé historique, les uns en racontant sa nationalité gauloise, son héroïque vie romaine, ses longues et incessantes luttes contre les Goths, ses cruelles épreuves au temps des invasions normandes, ses brillants faits d'armes contre les grandes compagnies anglaises, ses déchirements politiques et religieux, aux jours de la réforme; les autres, en décrivant ses manoirs féodaux, fortement bronzés par le temps, ses églises plusieurs fois séculaires qui demeurent encore debout comme témoins de la foi de nos ancêtres, ses abbayes et ses monastères envahis par les ronces et le lierre qui se plaisent tant parmi les ruines.

Pour nous, modeste tâcheron de la dernière heure, jaloux de contribuer pour notre faible part à la reconstruction de l'édifice commun, nous avons cru devoir choisir, dans l'intéressante galerie des âmes d'élite de l'Eglise d'Auvergne, la bienheureuse Raingarde de Montboissier, trop peu connue de nos jours pour être appréciée à sa juste valeur.

Dans un siècle où tant de maisons, très honorables d'ailleurs, croulent sous le poids du luxe ou de l'indifférence religieuse, il nous est doux de reproduire, pour leur édification commune, le pieux et paisible intérieur de Montboissier, dont le chef, Maurice, fut un type achevé de bienfaisance et d'honnêteté, et Raingarde, sa digne compagne, un modèle de la vie de famille d'abord, et plus tard de la perfection religieuse, car elle vécut en sainte dans le siècle, et changea d'habit plutôt que de mœurs dans le cloître; c'est à ce double point de vue que nous allons la considérer dans cette étude, qui ne saurait être sans quelque intérêt pour les lieux qu'elle édifia, soit Montboissier, soit Marcigny.

Un peu à l'est du diocèse de Clermont, et presque à égale distance entre Sauxillanges et Cunlhat, on remarque les débris ou restes d'un château féodal, c'est Montboissier, nommé anciennement *mons Buxerius,* mont des Buis, à raison de ceux qui tapissaient alors la butte qui le portait et qui, depuis, y ont laissé de nombreux rejetons.

L'esplanade qui servait d'emplacement au vieux manoir est un énorme mamelon à base granitique, et couronné de prismes basaltiques; on aperçoit, sur la troncature du cône, une épaisse muraille quasi circulaire, mais largement ébréchée d'un côté; elle sert de clôture à un sol saturé de chaux et de ciment, où la pomme de terre peut étaler à l'aise la pâle verdure de ses feuilles, quand le seigle, ou toute autre maigre végétation, ne vient pas lui disputer la place.

C'est là que vécut, sur la fin du onzième et au commencement du douzième siècle, l'intéressante châtelaine qui nous occupe; elle se nommait Raingarde, et fut mariée à Maurice de Montboissier, arrière-petit-fils de Hugues et d'Isengarde, fondateurs de la célèbre abbaye de la Cluse, en Piémont, et des prieurés de Cunlhat, Sauviat et Arlanc, en Auvergne.

Les Montboissier figurent avec honneur dans nos annales durant une grande partie du moyen-âge; Pierre-Maurice est qualifié prince dans le cartulaire de Sauxillanges; mais, contrairement aux saisons qui se suivent et se ressemblent, quelques rejetons de cette famille n'eurent d'autre mérite que celui de leur origine.

Quant à Raingarde, on ignore de quelle famille, et même de quel pays elle était issue; et Pierre le Vénérable, qui nous a transmis tant et de si précieux détails sur le séjour de sa sainte mère, soit au château de Montboissier, soit au couvent de Marcigny, nous a laissés dans la plus complète ignorance sur sa généalogie; il se contente de nous dire, dans une lettre qu'il écrit à ses frères, qu'il ne parlera ni de l'étendue de ses possessions, ni de sa gloire selon le monde, avantages qui la plaçaient au-dessus du plus grand nombre, et ne la rendaient inférieure qu'à une faible minorité: *Quarum illa rerum multis superior, paucis inferior erat.*

Nos recherches les plus actives et les plus minutieuses à cet égard n'ont abouti à aucun résultat. On s'est appuyé sur une allégation de D. Burin, pour l'appeler Raingarde de Sémur, et lui donner pour père Geoffroy de Sémur, fondateur du couvent de Marcigny, mais le peu d'autorité de D. Burin doit nous mettre en garde contre ses assertions, lorsqu'elles ne sont confirmées par aucun autre témoignage.

Quoi qu'il en soit, cette union qui ne laissait rien à désirer sous le rapport de la noblesse du sang, fut favorisée dans une large mesure des bénédictions célestes; Raingarde devint mère de huit enfants, qui avaient noms: Otton, Hugues, Ponce, Jordan, Armand, Héracle, Eustache et Pierre.

Telle fut la noble descendance qui, selon la gracieuse comparaison de l'Ecriture, environna comme une plantation de jeunes oliviers, la table de ces époux fortunés, et leur mérita la bénédiction promise à ceux qui craignent le Seigneur et mettent leur confiance en lui.

On ne sait presque rien d'Otton, l'aîné de tous. Il n'est mentionné que dans ce vers latin, de Pierre de Poitiers, au sujet de l'éloge de Pierre le Vénérable: *Vivere totus adhuc in fratribus Otto videtur. Otton paraît revivre tout entier dans ses frères.* Hugues devint père de deux filles, nommées Poncie et Marguerite, que nous verrons se consacrer à Dieu, sous les regards de Raingarde, leur aïeule paternelle. Ponce fut chargé de la direction du prieuré de Vezelay, en Bourgogne. Jordan, Armand et Eustache portèrent avec distinction la crosse abbatiale ; le premier à la Chaise-Dieu, le second à Manglieu, et le troisième à Mozac. Héracle fut promu à l'archevêché de Lyon et devint président du Conseil de l'empereur Frédéric-Barberousse, qui l'investit de l'exarchat de Bourgogne.

Il paraît pourtant qu'Eustache demeura quelque temps dans le siècle ; et, comme l'immense héritage que lui avaient laissé ses frères, en faisant profession religieuse, était de nature à lui donner de l'orgueil et l'exposer à se perdre, Pierre ne négligea rien pour le prémunir contre le danger des richesses, les séductions du démon, et l'attirer à embrasser la vie monastique ; c'est sous le nom d'Eustache II que nous le voyons figurer parmi les abbés de Mozac, de l'an 1131 à 1147. C'est donc à tort que quelques auteurs, qui se sont copiés servilement, ont écrit qu'il avait continué la postérité des Montboissier dans le monde.

Raingarde, comme on voit, mérita bien de Dieu et de l'Eglise, en donnant à la vie religieuse sept de ses enfants sur huit qu'elle avait eus, et ce n'est pas sans une secrète admiration que l'on voit ces jeunes gentilshommes, auxquels souriait un si brillant avenir, abandonner d'un commun accord ce splendide manoir, berceau de leur origine, ces bois, ces champs, ces prairies, témoins des jeux de leur enfance, pour aller ensevelir le printemps de leur vie dans l'obscurité d'un monastère.

Cette généreuse détermination, de leur part, fut admirablement secondée par cette éducation chrétienne commencée au milieu des caresses et sur les genoux d'une mère aussi sainte que Raingarde, et continuée par des moines aussi érudits que ceux de Sauxillanges ; c'étaient des bénédictins ; c'est tout dire. Que les partisans de l'école sans Dieu viennent après cela crier au fanatisme et à l'ignorance. L'expérience du passé est là pour leur donner d'éclatants démentis. La preuve que nos jeunes Montboissier trouvèrent dans cet enseignement chrétien leur large part de gloire et de bonheur, c'est qu'ils persévérèrent jusqu'à la mort dans leur sainte vocation.

Le plus célèbre d'entre eux fut Pierre, dont la naissance avait été annoncée par d'heureux présages. Un jour que le bienheureux Hugues, prieur de Sauxillanges, rencontrait Raingarde : « Madame, lui dit-il, le fruit que vous portez dans votre sein sera consacré à Dieu et placé sous le patronage de saint Pierre ». Pour une mère chrétienne c'était une douce nouvelle. « Maître, lui répondit l'humble châtelaine, puissent vos vœux être exaucés. » L'enfant vint au monde et reçut, sur les fonts du baptême, le prénom de Pierre. L'éminence de ses vertus le fit surnommer plus tard, *le Vénérable.*

Il fit tant et de si rapides progrès dans la piété et l'étude des lettres, qu'au sortir de l'école de Sauxillanges, Raingarde eut la consolation de le voir placer à la tête du prieuré de Vezelay, en Bourgogne, avec le titre glorieux pour lui et sa famille de *docteur des vieillards et de soutien de l'ordre monastique.* Il passa de ce prieuré dans celui plus considérable de Domaine, au diocèse de Grenoble ; il ne lui manquait, pour arriver au point le plus culminant de l'Ordre, que le trône abbatial de Cluny. Il y fut élevé en 1122, à peine âgé de trente ans.

Pendant que Pierre tenait en mains le gouvernement de cette célèbre abbaye, la métropole de l'Ordre bénédictin, en France, et la pépinière des papes et des évêques de la catholicité, Raingarde se recueillait aux pieds du Seigneur et le suppliait de lui venir en aide pour soutenir avec honneur, dans l'intérêt de l'Eglise, le poids de cette glorieuse, mais redoutable responsabilité.

Pierre sut se montrer digne d'une telle mère et d'une position si élevée, par l'étendue de son érudition, l'éminence de ses vertus, la noblesse de ses manières, et, ce qui ne gâte rien à la chose, par l'élégance de sa taille et la beauté de sa physionomie. Tous ses biographes s'accordent à le regarder comme un de ces hommes prédestinés à jouer un grand rôle dans le siècle et dans l'Eglise.

Il suffit de dire qu'il ne reconnut d'autre supériorité de ce temps que celle de saint Bernard. Avec lui et le moine Suger, ministre de Louis-le-Jeune, il prit une part des plus actives aux grands évènements du douzième siècle.

Il semble, de prime abord, que l'éminent abbé de Clairvaux doive, comme puissance d'éloquence et de gouvernement monastique, dominer son époque sans rival sérieux.

Cette opinion est évidemment vraie au premier chef ; car il avait été donné à cet homme extraordinaire d'exercer un ascendant magique sur les peuples, les rois, et les papes eux-mêmes, et, pour tout dire en un mot, de présider aux destinées de l'Europe catholique.

Mais en laissant à saint Bernard sa brillante auréole d'éloquence, ne pourrait-on pas mettre en regard, sans trop de désavantage, comme organisateur monastique, le fils de Raingarde? Quelle sagesse ! quel esprit de bienveillance dans les règlements qu'il impose à Cluny ! A côté de l'article législatif, il place immédiatement l'explication, les motifs et la raison de la loi. C'est, si l'on peut parler ainsi, le plus habile commentateur du Code bénédictin. Si l'on en doute, on n'a qu'à relire les longues et retentissantes discussions survenues entre les Clunistes et les Cisterciens.

Pour se faire une légère idée de la valeur de Pierre-le-Vénérable, qu'on se le représente en correspondance nuit et jour avec toutes les célébrités politiques, religieuses et littéraires de son époque, dirigeant, du fond de la Bourgogne, plus de deux mille maisons, différentes de mœurs, d'habitudes et de climats, et qu'on nous dise si, dans de pareilles conditions. il ne fallait pas des prodiges d'activité, d'énergie et d'habileté pour fonder une semblable suprématie et la maintenir intacte contre les résistances tacites du dedans et les rivalités ardentes du dehors. Il avait, outre son mérite personnel, les ferventes prières de sa sainte mère.

Pendant que Pierre régissait Cluny avec tant de gloire, Raingarde, la seconde providence de Montboissier et de ses environs, continuait de se sanctifier par la pratique de toutes les vertus chrétiennes. Comme la femme forte de la Sainte-Ecriture, elle tendait ses deux mains vers l'indigent, elle travaillait la laine et le lin, et le conseil présidait à l'ouvrage de ses doigts pour tourner le fuseau. Elle veillait sur les pas des siens et ne mangeait pas son pain dans l'oisiveté. Aussi vit-elle son époux se lever pour la combler de louanges et ses fils la proclamer bienheureuse.

Les siècles, en fuyant, nous ont dérobé une foule de renseignements concernant Montboissier, mais il nous reste heureusement une lettre collective de l'abbé de Cluny à ses frères, où il nous initie à la connaissance de cette vie intime de famille, dont un fils peut mieux que tout autre nous révéler les détails intéressants. Ladite lettre est la plus touchante oraison funèbre, ou. si l'on aime mieux, le plus beau panégyrique de Raingarde, leur mère. Nous citons :

« Frères bien-aimés, leur écrit-il, je ne vous parlerai ni de l'étendue de ses richesses, ni de l'éclat de son origine, avantages qu'elle posséda sur un grand nombre de ses semblables. Je me bornerai à vous entretenir de son dévouement pour Dieu, de son mépris pour les biens de ce monde, de son avidité pour les choses célestes.

» Engagée dans les liens du mariage à un âge où d'autres font tant de rêves si pleins de charmes, elle se surprenait à soupirer après les biens d'en haut, comme l'esclave après la liberté, le prisonnier après la délivrance, l'exilé après la patrie ; le mariage lui pesait comme une servitude ; elle désirait d'en être affranchie et de voir briser des chaînes qui retenaient son cœur captif ici-bas.

» On aurait compris cette tristesse, si elle avait eu à se plaindre de Maurice, car il n'est rien de pénible comme une union mal assortie ; ce n'est pas une vie, c'est une torture continuelle.

» Mais le descendant d'Hugues et d'Isengarde de Montboissier, n'était pas homme à rendre une femme malheureuse. La piété, la douceur et la bonté dont il avait hérité de ses ancêtres, devaient en faire au contraire un époux accompli.

» La tristesse et la mélancolie de Raingarde partaient d'une source plus pure et d'un principe plus élevé ; comme elle n'avait en vue que Dieu seul, elle regardait tout le reste comme un obstacle qui la retenait captive et l'empêchait de s'élever jusqu'à l'unique objet de ses désirs et de son amour. Voilà tout le mystère. »

Aussi quels n'étaient pas son épanouissement et sa joie quand elle recevait la visite de quelques-uns de ces futurs habitants de cette bienheureuse patrie, objet de ses aspirations et de ses soupirs? Elle leur faisait l'accueil le plus empressé et le plus honorable. C'était un vrai jour de fête pour Montboissier. La joie rayonnait sur tous les fronts en voyant le bonheur de la châtelaine. Elle négligeait tout le reste pour avoir le loisir de combler ses hôtes de prévenances et leur prodiguer les marques d'estime et de vénération dues à leurs mérites.

Montboissier était réellement le rendez-vous obligé des moines, des ermites et de tout ce qui portait le caractère ou l'habit religieux, et nul d'entre eux aurait osé traverser les terres qui en dépendaient, sans y faire une halte d'un ou de plusieurs jours, pour satisfaire la piété de Raingarde.

C'était dans ce tête-à-tête de l'humble châtelaine avec ses saints visiteurs, qu'elle leur témoignait par ses larmes le regret de se voir enchaînée dans le monde, de s'occuper des choses présentes, et d'oublier les biens à venir. Quoiqu'au milieu de l'opulence et des grandeurs, Raingarde était triste, et s'imaginait n'amasser que des trésors de colère devant Dieu.

Sous l'empire d'une pareille crainte, elle se jetait à leurs pieds et les arrosait de ses larmes, comme la pécheresse de l'Evangile, en les conjurant d'intercéder pour elle auprès de Dieu, afin d'obtenir par leurs prières ce qu'elle ne pouvait mériter par elle-même.

Cette idée la préoccupait tellement, qu'à l'arrivée du bienheureux Robert d'Arbrissel, elle résolut de se faire religieuse à Fontevrault, du vivant même de son époux, si elle pouvait en obtenir la permission, ou du moins, après sa mort, si elle lui survivait.

Pour procurer à Maurice, son maître et seigneur, la même faveur, elle se fait un devoir de lui dévoiler son secret, et lui fait promettre, en retour de cette marque de confiance, que, si Dieu lui en laisse le temps, il fera un divorce complet avec le monde, et que le dernier survivant accomplira le vœu commun.

L'entrevue de Montboissier nous rappelle un trait de la vie d'une autre noble veuve, ayant les mêmes goûts et les mêmes aspirations que Raingarde. Nous voulons parler de sainte Paule. Cette illustre patricienne, à laquelle tout souriait dans le monde, n'avait rien à désirer ici-bas. Epouse fortunée et mère chérie, elle voyait à ses côtés cinq enfants pleins de grâce et d'intelligence. Elle était elle-même la fleur des matrones romaines par la distinction de ses manières, l'éclat de sa naissance, et l'intégrité de sa chasteté conjugale. Mais le siècle n'était pas digne de la posséder plus longtemps; c'est au milieu de tant de grandeurs et de délices que Dieu choisit son moment pour en faire sa conquête. Une maladie vint enlever Torquatus à son amour. Saint Epiphane, à son retour d'Orient, étant venu la visiter à Rome pour la consoler, elle fit taire sa douleur et ne cessa de l'interroger sur la vie des Pères du désert; elle recueillait avec avidité toutes les paroles qui tombaient de ses lèvres, et à mesure que son noble interlocuteur lui racontait les douceurs de la solitude, elle oubliait palais, domaines, famille, en un mot tout ce qui pouvait la retenir dans le siècle. C'est absolument ce qui se reproduisait à environ huit siècles de distance dans un château d'Auvergne, entre Robert d'Arbrissel et Raingarde de Montboissier; plus elle écoutait le saint fondateur de Fontevrault, plus elle se sentait animée du désir d'embrasser la vie monastique.

Son noble époux ne fut pas difficile à gagner, puisque c'était un homme craignant Dieu et d'une foi vive; il aimait à prier, à faire des pèlerinages aux tombeaux des saints, à répandre d'abondantes aumônes, et à donner une cordiale hospitalité à tout venant, autant d'heureuses dispositions à l'accomplissement de la promesse faite à sa chère compagne.

L'avenir se déclara en faveur de Raingarde qui comprit, à la première maladie de Maurice, qu'elle était destinée à lui survivre.

Il est à remarquer, comme l'observe l'auteur de la vie de sainte Monique, que presque toutes les grandes saintes ont survécu à leurs maris... Sainte Elisabeth n'avait que vingt-cinq ans, sainte Hedwige vingt, sainte Chantal vingt-neuf, lorsque Dieu les arracha à la vie si pure de leur union conjugale: sainte Monique, il est vrai, continue le même auteur, ne fut veuve qu'à près de quarante ans, mais, c'est que Dieu n'avait pas attendu ce moment pour la couronner d'épines; du mariage elle n'avait eu que les douleurs; ce n'était pas la peine de le briser si tôt; mais revenons à Raingarde.

Elle se mit donc en devoir de pourvoir à tout avec le calme d'une âme résignée au sacrifice et supérieure au grand évènement qui allait la séparer de ce qu'elle avait de plus cher.

Sa conduite durant cette maladie a reçu les éloges les plus affectueux et les plus sincères de celui qui était le plus capable d'en juger, de Pierre-le-Vénérable, qui, à coup sûr, n'était pas homme à exalter même sa mère, aux dépens de la vérité.

« Elle était, nous dit ce fils, témoin des derniers moments de son père, elle était constamment auprès de son lit, et s'oubliant elle-même, elle n'était occupée que du salut de son âme, sur lequel elle cherchait par tous les moyens possibles à ramener et à fixer l'attention du malade.

» Pour le débarrasser de tout souci temporel, elle dressa elle-même son testament sous ses yeux et sa dictée, institua ses héritiers, régla les affaires contentieuses, disposa des propriétés et mit tout en ordre.

» Les choses ainsi réglées, elle commença à l'exhorter à examiner sa conscience, à confesser ses péchés, à faire du bien aux pauvres et aux maisons religieuses, à craindre les jugements de Dieu, mais à espérer aussi en sa miséricorde. »

Les pieuses industries de Raingarde en cette circonstance condamnent hautement les funestes ménagements de ces épouses sans foi, qui, sous le prétexte spécieux de ne pas fatiguer leurs chers malades, les exposent par un coupable silence au danger de se perdre ; épouses meurtrières, qu'on nous pardonne le mot, elles laissent tomber dans l'abîme ceux qu'elles avaient la douce et consolante mission de conduire au ciel.

Pendant que Raingarde accomplissait son pieux ministère, on n'entendait dans tous les coins du château que sanglots de la foule, gémissements de la noblesse et soupirs de la famille.

Au milieu de cette scène de désolation, elle conservait assez de force d'âme pour comprimer sa douleur et retenir ses larmes ; mais comme un sentiment de sensibilité trop longtemps concentré dans un cœur, finit toujours par éclater au dehors, Raingarde éprouva un mouvement d'irrésistible attendrissement, quand elle vit porter en terre, au milieu d'une foule innombrable, ce corps muni de tous les secours de l'église et revêtu de la coule, ou cuculle monacale.

Le soin de ses obsèques, qui eurent lieu avec toute la pompe et la somptuosité d'un haut et puissant personnage, fut confié aux moines de Sauxillanges qui l'enterrèrent comme un des leurs dans leur propre cimetière.

Sauxillanges, l'un des quatre grands prieurés clunisois d'Auvergne, était considéré alors comme la nécropole de la noblesse des environs, et en particulier des Montboissier, ses voisins. Il semblait à ces hommes de foi que leur dépouille mortelle devait reposer plus paisiblement dans la tombe sous les chants et la psalmodie des cénobites, gardiens de leur froide poussière.

La coule ou cuculle avec laquelle fut enseveli le corps de l'illustre défunt, était un privilège et une faveur qui ne s'accordaient qu'aux bienfaiteurs du prieuré ; sous ce rapport, la famille des Montboissier était une des plus méritantes ; elle n'était égalée, ou plutôt surpassée, en fait de libéralités, que par celle des de Latour, rameaux détachés des anciens comtes d'Auvergne, qui, plus puissants et plus riches, donnèrent à Sauxillanges les églises de Singles, St-Pardoux, Ste-Marie de Chastreix, St Donat, St-Pierre de Messeix, et la chapelle seigneuriale de la Tour. Nous lisons, dans plusieurs chartes, que les moines qui jouissaient de la confiance illimitée de cette illustre maison, furent chargés de l'éducation de quelques-uns de ses jeunes seigneurs.

Cependant, malgré ces importantes donations et cette confiance sans bornes, les de la Tour d'Auvergne n'avaient point choisi pour lieu de leur sépulture Sauxillanges, mais bien La Vassin, monastère fondé par leurs ancêtres et plus rapproché du chef-lieu de leur vaste baronnie. La Vassin est situé au sud-ouest de la paroisse de St-Donat, sur les confins des départements du Puy-de-Dôme et du Cantal.

Il en était de même de la maison d'Auvergne qui, quoique bien disposée à l'égard de Sauxillanges, possédait sa double sépulture ailleurs. Ses comtes reposèrent à Val-Luisant ou le Bouschet, dans la paroisse d'Yronde, et ses dauphins à Saint-André-les-Clermont.

Le motif dominant qui portait tous ces grands de la terre à faire des fondations en faveur des églises et des monastères, et à s'y réserver une sépulture, c'était l'espérance d'obtenir les prières des cénobites et l'assistance des Saints auxquels ces églises ou monastères étaient consacrés, et de jouir, eux et leurs familles, de la miséricorde de Dieu après la mort; car qui pourrait se flatter d'être exempt d'expiation en ce monde ou dans l'autre.

La donation faite à ce sujet par Maurice de Montboissier, du consentement de Raingarde et de ses enfants, en faveur de Sauxillanges, consistait en une terre nommée la *cerclada*, lieu inconnu aujourd'hui. Elle se composait de trois mas, *mansus*, et d'un autre tènement de terre, dont les redevances annuelles, en orge, seigle, avoine, et deniers, monnaie de Clermont, devaient être régulièrement payées aux fêtes de St-Julien et de St-Michel. On remarque, au bas de l'acte, les signatures de Maurice, de Raingarde, son épouse, de Pierre-le-Vénérable, leur fils, d'Hélie, prieur de Sauxillanges, et d'autres notabilités.

Après avoir confié à la terre, comme un dépôt passager qu'elle devait rendre un jour, le corps de son époux bien-aimé, Raingarde s'appliqua à soulager son âme en visitant les églises et les monastères du pays, et en répandant d'abondantes aumônes dans le sein des pauvres. Elle ne cessait de le recommander aux prières des serviteurs et servantes du Seigneur, afin d'obtenir pour lui et pour elle, la rémission de leurs péchés.

Elle avait compris que ce n'est pas assez pour une épouse chrétienne d'aimer seulement pendant la vie celui qui lui a été uni aux pieds des autels, que si son amour est sincère, elle doit le lui continuer au-delà du tombeau. Toute tristesse qui finit avec la cérémonie des obsèques, n'est qu'une douleur feinte et trompeuse.

Ce n'est pas ainsi que s'exprimait l'affliction de la veuve de Montboissier ; sa résignation à la volonté de Dieu faisait toute sa force et sa consolation, et sa douleur, quoique moins apparente et moins sensible, n'en était pas moins profonde, ni moins sincère.

Raingarde est donc désormais libre. La mort, en brisant les liens qui l'enchaînaient à un époux terrestre, vient de lui rendre sa liberté et de la mettre en possession d'elle-même. Il semble que Dieu, par cette séparation, se soit montré jaloux de posséder à lui seul ce noble cœur, après lui avoir laissé la facilité, assez rare dans l'état du mariage, de pratiquer la vertu dans un degré éminent.

Comment va-t-elle se conduire ? imitera-t-elle, en demeurant dans le siècle, ces saintes femmes que l'apôtre appelle vraiment veuves, parce qu'elles ont renoncé aux parures et aux vanités du monde, pour se consacrer à toutes sortes de bonnes œuvres ? ira-t-elle comme quelques pieuses matrones de Rome s'ensevelir dans la solitude ? ou bien songera-t-elle à

contracter une nouvelle alliance! Les familiers de Montboissier lui con-
seillent ce dernier parti, et les pauvres, dont elle est la seconde providence, adressent des vœux et des prières à ce sujet. La position est
critique et l'épreuve délicate, car tout conspire autour d'elle à la retenir
dans le siècle.

L'inébranlable châtelaine laisse former à son entourage les plus beaux
projets, bien résolue à ne tenir compte d'aucun. Son plan bien arrêté est
de se retirer au couvent de Marcigny, qui dépendait de Cluny; c'était là
que les grandes dames du temps, ou les filles de qualité, qui aspiraient à
mener une vie angélique ici-bas, allaient chercher le calme de la conscience et la paix du Seigneur, et elles étaient sûres d'y trouver l'un et
l'autre, car voici les détails édifiants que donne Pierre-le-Vénérable sur
la régularité de cette maison.

Parmi les autres couvents de femmes, dit-il, ce même lieu (Marcigny)
jouit d'un renom particulier, et brille d'un éclat qui lui est propre comme
un astre parmi les autres astres du ciel. On y compte une multitude de
personnes du sexe; celles qui descendent d'un sang royal y méprisent les
richesses, y foulent aux pieds l'orgueil et y maîtrisent les penchants déré-
glés. Parmi elles se trouvent plusieurs veuves qui ont renoncé à convoler
à de secondes noces... D'autres, préférant l'honneur d'une angélique virginité aux plaisirs des sens, y vivent dans une chasteté parfaite. Toutes,
en un mot, s'élevant au-dessus de la faiblesse de leur sexe avec une
énergie toute virile, y expient les petits manquements du passé par le
travail des mains, la psalmodie, l'assiduité à l'oraison, et la continuité des
larmes, ou y augmentent le nombre de leurs mérites, et par le mépris
des choses visibles d'ici-bas, s'y excitent mutuellement à l'amour des
biens invisibles. Avec de telles dispositions, et par une grâce spéciale, et
jusque-là inconnue, elles se condamnent à une prison perpétuelle. Car,
une fois la profession faite, selon la règle, elles s'interdisent à tout
jamais, n'importe la raison, de sortir, je ne dirai pas du cloître seulement,
mais même des maisons régulières qu'elles habitent, comme aux autres
religieuses, défense leur a été faite par leur abbé d'aller à cheval, ou de
se promener dehors, afin que cette sortie ne soit pas pour le monde un
sujet de péché et réciproquement, afin que le monde, par sa manière de
voir et de parler, ne devienne pas pour elles une occasion de scandale.

Dès l'instant où elles sont admises en religion, elles ont les yeux et le
visage continuellement cachés par le voile qu'on leur donne. Ce voile est
comme un suaire qui doit leur servir de mémorial pour se préparer à la
mort. Voilà pourquoi elles vivent à l'ombre d'un cloître protecteur, lequel,
s'il leur tient lieu de sépulture pendant la vie, leur promet, en retour de
son étroitesse, l'immensité des cieux et la consolation de la résurrection
bienheureuse; de sorte qu'elles aiment mieux mourir que de violer la
clôture et la limite du seuil qui leur est assigné.

Ce qui avait déterminé Raingarde à préférer Marcigny à Fontevrault
qu'elle avait d'abord choisi, c'est que le bienheureux Robert d'Arbrissel,
son fondateur, était parti de ce monde pour le séjour de la gloire, et que,
depuis son départ, l'observance des règles et de la discipline y était moins
florissante qu'à Marcigny.

Les habitués de Montboissier, parents et amis, cherchent vainement à
pénétrer les pensées de la noble veuve; elle ne met dans sa confidence
que deux hommes dignes à tous égards de sa confiance, et sur la discrétion

desquels elle peut compter en toute sécurité : le premier est un homme
du monde qu'elle charge de tous les préparatifs du voyage, ou plutôt de la
fuite, et le second, un saint religieux qu'elle choisit pour directeur.

Quand tout est prêt, elle se rend nuitamment avec son guide spirituel,
à Sauxillanges, vers le tombeau de son époux, l'arrose de ses larmes et
implore la miséricorde divine pour les péchés de l'un et de l'autre.
Résolue d'en finir avec le monde, elle fait une confession générale qui
dure jusqu'à minuit. Après ce long aveu, elle demande une sévère pénitence, se relève et dit un dernier adieu à son cher défunt.

C'est le lendemain, à l'aube du jour, que doit s'effectuer le départ pour
Marcigny, départ déguisé sous le nom de voyage à Cluny, à l'effet d'y
recommander l'âme de Maurice aux prières des religieux qui l'habitent.

Pour garder les bienséances d'une femme de sa condition, Raingarde
se fait accompagner de quelques gentilshommes de qualité. Elle quitte
Montboissier qu'elle ne doit plus revoir et la voilà en route pour la Bourgogne ; elle arrive à Cluny, y dépose quelque argent pour des prières et
se dirige à la hâte vers Marcigny, son paradis sur la terre ; car si Montboissier avait été le lieu des désenchantements, des larmes silencieuses,
et des sollicitudes maternelles, Marcigny, objet de ses plus ardentes aspirations, devait devenir pour elle une oasis fortunée et un lieu de repos
dans le désert aride de cette vie.

Elle y fut reçue par une foule de frères et de sœurs qui, sans connaître
ses intentions, lui firent l'accueil le plus empressé. Il leur suffisait de
savoir qu'elle était mère de leur abbé de Cluny. Il était regrettable que
les ressources de la maison ne leur permissent pas de déployer plus de
pompe, car Raingarde en était digne ; mais Marcigny se trouvait alors
dans un moment de gêne financière qui provenait du trop grand nombre
de religieuses d'une part, et, de l'autre, du peu de revenus des propriétés
foncières.

Dans de semblables conditions, le procureur de la maison, nommé
Bernard, ne pouvait être, comme on doit le penser, sans sollicitudes et
sans soucis ; mais comme il avait une confiance sans bornes en cette
providence qui prend soin de tout, il avait su intéresser quelques bonnes
âmes en faveur de son couvent, et, grâce à leur générosité, il avait pu
faire face aux dépenses du moment.

Bernard était un de ces saints religieux auxquels le ciel se plaît quelque fois à faire pressentir l'avenir. Une nuit qu'il reposait comme de
coutume, une colombe d'une blancheur éclatante, lui apparut en songe,
volant autour et au-dessus de lui. On aurait dit une colombe familière
qui cherchait à se laisser prendre, ce que fit Bernard, et une fois prise,
il s'empressa de l'offrir au saint abbé Hugues de Sémur qui, content de
l'avoir en sa possession, lui tordit quelques plumes des ailes pour l'em-
pêcher de s'envoler, et l'enferma dans une cage.

Ceux qui avaient connaissance de la vision de Bernard n'eurent pas de
peine à reconnaître, dans cette mystérieuse colombe, Raingarde de Montboissier, qui, ce jour-là même, faisait son entrée au couvent de Marcigny.
Quand elle s'y vit admise comme dans un port assuré contre les tempêtes
et les orages du dehors, elle s'arma de courage pour adresser à ses com-
pagnons de voyage, en présence du prieur et de toute la communauté,
l'allocution suivante : « Voilà bien longtemps, chers amis, que nous parta-
geons les destinées communes de cette vie mortelle ; c'est depuis le ber-

ceau jusqu'aux limites de l'âge qui touche presque à la vieillesse. Nous avons tout parcouru, tout vu, tout éprouvé de ce qui peut nous flatter en ce monde. L'abondance des richesses, le grand nombre des parents, la multitude des amis, la noblesse du sang, les prestiges de l'autorité, les délices des sens, l'orgueil d'une vie pleine de pompe et de gloire ne nous ont rien laissé à désirer ; nous avons possédé tout ce que la terre peut promettre et donner. Nous avons vécu longtemps et cette vie ne nous a paru qu'un instant passager. Nous avons joui de grands biens, mais ces biens fugitifs ne sont plus en notre pouvoir ; nous avons pris part aux plaisirs des sens, mais, de tous ces plaisirs, il ne nous reste pas le plus léger souvenir. Tout cela est désormais incapable de nous satisfaire. Plus nous en usons, plus nous en sentons le vide et le néant.

» D'où je conclus que nous devons chercher ailleurs d'autres moyens d'apaiser notre faim, d'étancher notre soif et de soulager notre misère. Nous y sommes poussés par l'infidèle amitié du monde qui ne trompe que ceux qui s'aventurent à compter sur lui ; et pour vous en donner une preuve récente, dites-moi ce que vous avez fait pour mon cher défunt, qui vous avait rendu tant de services et dont vous aviez reçu des armes, des chevaux, de l'argent, des terres ; vous qu'il comptait parmi ses plus intimes et ses plus fidèles amis, à qui vous êtes-vous adressés pour le repos de son âme ? quel saint avez-vous intéressé en sa faveur ? quelle aumône, si légère soit-elle, avez-vous distribuée à son intention ». — Et les voyant garder un silence accusateur : « Vous avez déjà jugé, leur dit-elle, quelle conduite je dois tenir désormais.

» Dès ce moment je ne puis attendre de vous rien de ce que vous avez refusé à votre ami, bienfaiteur et maître. Il y avait folie de ma part à placer mes espérances dans les hommes dès lors qu'on ne peut se fier à ses prétendus amis. Je dois travailler pour mon propre compte et ne me reposer sur personne du soin de mon salut.

» Pour en finir et vous révéler un secret que je vous ai tenu caché jusqu'à ce moment, je dois vous avouer que je ne franchirai jamais le seuil de cette porte que vous voyez, j'habiterai désormais dans cette solitude que j'ai choisie pour ma sépulture. »

Un langage si ferme et si bien accentué jeta nos gentilshommes d'Auvergne dans un accès de démence et d'emportement qui alla jusqu'à la menace de démolir le couvent si l'on ne leur rendait leur châtelaine. Quelle déception pour Montboissier et ses environs en rapportant à leur retour la nouvelle de cette irrévocable détermination. Il fallait pourtant s'y résoudre.

Raingarde se tut pendant qu'ils exhalaient leur colère, car tout raisonnement devient inutile en pareil cas. Mais quand elle vit les larmes succéder aux emportements, elle jugea à propos de leur dire : « Calmez-vous, après la tempête vient l'apaisement ; après le brouillard, la sérénité, et après les pleurs, les rires. Retournez dans le siècle, pour moi, je vais à Dieu. »

En achevant ces mots qui devenaient pour eux le signal d'un congé en bonne et due forme, elle entra dans le cloître avec plus d'allégresse qu'une jeune fiancée n'entre dans un palais au jour des pompes nuptiales, et là, en présence de ses nouvelles sœurs en religion, elle échangea ses vêtements du siècle contre la bure grossière de l'humble recluse, et livra aux ciseaux de la prieure sa noble chevelure, en signe de renoncement au monde.

Dieu sait, dit J. Branche, avec la charmante naïveté qui lui est familière, quelle joye reçut son âme se voyant deslivrée de la fournaise de Babilone et arrivée au refrigère tant désiré de la maison de Dieu, où elle commença de joyer des douceurs agréables du paradis et de savourer, comme la brebis du Seigneur, les nouvelles fleurs de la grâce dans les joyeuses prairies de la religion.

Mais au milieu de l'ivresse de son bonheur présent, elle n'oubliait pas de s'humilier pour le passé. « Que dire, ajoute l'abbé de Cluny, du repentir qu'elle avait de ses fautes et de l'aveu qu'elle en faisait tous les jours ? Son repentir égalait celui des Ninivites; l'aveu de ses fautes, celui de David, et ses larmes, celles de Madeleine. Et cela, non pas seulement durant les premiers jours de son noviciat, comme il arrive à plusieurs, mais pendant tout le reste de sa vie.

» L'abondance de ses larmes avait tellement affaibli sa santé qu'elle paraissait plus morte que vivante. Quand elle se disposait à se mettre à genoux devant l'image de son divin Rédempteur, elle tombait à terre, malgré elle. Mais si le corps était faible, l'âme, en retour, était si pleine de vigueur que, dans ses élans vers le ciel, elle éprouvait de ces ineffables ravissements qui ne laissent ni la connaissance ni le sentiment de l'humanité, faveurs que son humilité cherchait vainement à dérober à ses compagnes, attendu qu'elles lui arrivaient ordinairement dans l'église, ou chapelle du couvent. »

Elle déclara une guerre impitoyable à son corps par les jeûnes et les veilles; elle l'avait tellement exténué qu'il ne lui restait plus que les os et la peau, ce dont elle remerciait Dieu. Elle dit un jour en souriant à l'abbé de Cluny, son fils, qui était venu la visiter à Marcigny : Dieu soit loué, j'ai perdu ce que j'avais de trop dans le monde. C'est cette vieille chair que j'avais consacrée au siècle. J'en prendrai une nouvelle pour rendre à Dieu de nouveaux services.

C'est à raison de cette bonne volonté, qui se manifestait en toute occasion, qu'elle fut chargée de l'office de Marthe, c'est-à-dire de cellerière du couvent.

Et ici, soit dit en passant, ce n'est pas sans une espèce d'involontaire attendrissement qu'on voit, sous cette pauvre bure, la souveraine de Montboissier descendre aux plus humbles détails de la charité pour ses sœurs et se faire la servante de toutes, elle qui n'avait jadis qu'un mot à dire dans son vieux manoir d'Auvergne, pour être obéie par une foule de serviteurs.

Pour s'acquitter dignement de son emploi, Raingarde s'étudia à graver dans sa mémoire tous les noms de ses compagnes, afin de les y trouver comme écrits dans un livre, quand elle en aurait besoin. Elle avait soigneusement noté dans son esprit les aptitudes, le caractère, les goûts et les infirmités de chacune, afin de ne pas se tromper en les traitant comme elles le méritaient.

N'étant pas très habile en cuisine, elle se vit forcée d'en faire une étude pour s'accommoder aux goûts de chacune, autant que pouvaient le permettre le règlement et les ressources de la maison, et quand l'état des finances ne répondait pas à la charité, c'était pour elle un sujet de peine et de chagrin.

Elle était pourtant d'un naturel si gracieux et si gai, que si elle remarquait le moindre nuage de tristesse sur le front des autres, elle s'empressait de le dissiper par une parole d'encouragement et de consolation.

C'était surtout dans les conférences que se manifestaient la supériorité de son esprit et les trésors cachés de son cœur. « Pour en parler comme je le pense, dit Pierre-le-Vénérable, elle surpassait tout ce qu'il m'a été donné de connaître ; par la gravité et la sainteté de son langage, on aurait cru entendre un pontife plutôt qu'une femme. Sa conversation, qui ne manquait pas de sel, n'avait rien de fastidieux. Ses inspirations, qu'elle allait puiser dans le ciel, en descendaient tout embaumées d'un céleste parfum. La considération des biens à venir baignait de pleurs ses paupières et jetait son âme dans le ravissement. » C'était une autre Monique qui, s'entretenant avec Augustin du bonheur des élus, dans une de ces splendides nuits d'automne qui ont lieu en Italie, versait de douces larmes de joie et d'attendrissement.

Quand l'abbé de Cluny honorait de ses visites Marcigny, sa pieuse mère traitait avec lui comme une humble fille avec son père, une simple religieuse avec son supérieur ; elle commençait par se jeter à ses pieds et lui demander l'absolution des péchés qu'elle croyait avoir commis dans le siècle ; c'était en vain que son fils, saisi de la plus vive émotion, cherchait à la relever avec tout le respect et la vénération dus à une mère, elle s'obstinait saintement à garder son attitude de pénitente. Elle gémissait, comme le prophète-roi, de la longueur de son exil ici-bas et en appelait de tous ses vœux la fin.

Lorsque l'abbé de Cluny était sur le point de quitter Marcigny et de prendre congé d'elle, Raingarde lui adressait toujours cet aimable adieu : Mon fils, je vous laisse entre les mains du Saint-Esprit et de la bienheureuse Vierge. Ces paroles lui étaient si familières dans le siècle, qu'elles étaient passées pour elle en habitude dans la vie religieuse.

Sa grande charité ne se bornait pas seulement au service de ses compagnes dans le cloître ; après avoir rempli l'office de Marthe à leur égard, elle imitait encore l'empressement de Sara pour les pèlerins et les étrangers, et la pitié de Tabitha pour les déshérités des biens de ce monde.

Raingarde aimait beaucoup les pauvres ; c'était, si l'on peut parler ainsi, la passion dominante de toute sa vie. Les indigents de Montboissier devaient en savoir quelque chose. Que de faméliques rassasiés ! que de misères soulagées par les libéralités de cette bonne châtelaine ; plus heureuse que tant d'autres femmes qui trouvent dans le mauvais vouloir de leur époux un obstacle pénible à l'accomplissement de leurs œuvres de charité, elle avait été admirablement secondée par Maurice à ce sujet ; aumônière dans le siècle, elle continuait de l'être dans le cloître.

Elle avait une classe de pauvres qu'elle appelait en riant ses enfants, parce qu'elle se plaisait à les nourrir et à les entretenir à ses propres dépens ; mais ses plus grandes sympathies étaient surtout pour les plus malheureux. Sa générosité ne connaissait d'autres bornes que celles de leurs misères ; elle leur distribuait des vivres et des vêtements, vêtements qu'elle achetait neufs, ou qui provenaient des défroques des sœurs, et qu'elle arrangeait à sa manière dans les moments de loisirs permis par la règle.

Quant aux soins de l'hospitalité à l'égard des étrangers avec lesquels la mettait en rapport son emploi de cellérière, on retrouva toujours en elle l'aménité et les manières distinguées de l'ex-châtelaine de Mont-boissier. C'était dans un lieu séparé du cloître qu'elle recevait ses hôtes, car, d'après le 23e statut de Cluny, dont Marcigny suivait la règle, il était défendu à tout prêtre et laïc de pénétrer dans la clôture, à moins de raisons majeures dont l'abbé seul était juge, afin d'éviter que ladite clôture ne fût transformée en une espèce de place publique par le bruit des allants et venants.

« Il est temps, dit J. Branche écrivant sur le même sujet, de sonner la retraicte et de finir ce discours par la belle mort de celle dont nous avons écrit la vie saincte. » Une nuit que Raingarde reposait sur son pauvre grabat, elle aperçut en songe une femme d'une ravissante beauté qui lui faisait signe de la tête et de la main de la suivre ; la prenant pour une sœur qui venait l'inviter à chanter l'office de nuit, elle s'éveille en sursaut, se lève promptement et se rend au chœur ; mais, revenue de sa méprise, en voyant que tout dormait dans la maison, elle regagne son lit. L'apparition se répéta jusqu'à trois fois, et ce n'est qu'à la dernière qu'elle comprit que le signal du départ pour l'autre vie était donné.

Dès qu'elle se sentit malade, elle fit prévenir ses sœurs qu'elle allait mourir ; elles s'assemblent autour de son lit et ne peuvent retenir leurs gémissements et leurs larmes en présence d'une perte qu'elles disent irréparable.

Raingarde souffrait sans doute, mais une souffrance que l'on aime n'est pas un obstacle à la transfiguration d'une âme ; elle en est même l'agent le plus actif. C'est le marteau du lapidaire qui donne à la perle brute, le poli et l'éclat du riche diamant ; c'est le creuset où l'or pur achève de se dégager de tout alliage étranger.

Au milieu de cette scène de désolation générale, la malade seule reste calme, et, quoique mourante, elle conserve encore assez de lucidité d'esprit pour s'entretenir avec ses compagnes. Elle leur fait l'aveu de ses fautes et leur en demande pardon, elle n'est occupée qu'à se préparer pour l'arrivée de l'époux, et comme elle sait que les plus légers grains de poussière suffisent pour ternir la blancheur des plus beaux lys, elle redouble de foi, d'espérance et d'amour, pour donner à son âme son suprême et plus brillant éclat, pour la rendre digne, autant que peut le permettre la fragilité humaine, des regards de son juge.

Ointe, sur sa demande, de l'huile des infirmes, et munie en viatique du corps de J.-C., elle se fait apporter une croix de bois, avec l'image du Sauveur en relief, l'approche de ses lèvres, embrasse ses pieds, y colle son visage, et le supplie par ses plaies adorables et sa mort douloureuse de lui procurer le salut de son âme.

D'après le 62e statut de Cluny, la croix destinée à figurer entre les mains des agonisants de l'Ordre, devait être une croix de bois et non d'or ou d'argent, attendu, nous dit son saint législateur, que le Christ n'est pas mort sur l'or ou l'argent, mais bien sur le bois, ce qui fait que l'Eglise chante dans sa pieuse liturgie de la grande semaine: Voici le bois de la croix sur lequel s'est opéré le salut du monde.

Quant à celle que la mourante tient entre ses mains, on essaye vainement de la lui arracher : elle s'y oppose et répond avec l'accent d'une vive foi : Pourquoi voulez-vous me priver de cette dernière consolation, laissez-moi celui vers lequel je vais aller en sortant de ce monde.

Ses forces s'abattent insensiblement, et le troisième jour de sa maladie, qui coïncidait avec le 24 juin, elle était à toute extrémité.

Comme on célébrait en ce jour-là la nativité de St Jean-Baptiste, on espérait beaucoup pour la malade, car l'ange avait prédit à Zacharie, père du saint précurseur, que plusieurs se réjouiraient au sujet de cet heureux évènement. Mais ce n'était pas ici-bas, dans les ténèbres de l'exil, que Raingarde était destinée à célébrer cette fête, mais bien au milieu des brillantes clartés et des délices ineffables de la céleste patrie. Sous ce rapport, la nativité de St Jean-Baptiste fut pour elle un vrai jour de fête et de bonheur.

La voyant plus fatiguée, les sœurs se disposaient déjà à la soulever de son lit pour la placer sur la cendre et le cilice, en signe de pénitence, lorsqu'elle leur dit : Attendez un peu ; et quand elles l'eurent reposée sur sa misérable couche, elle se tourna amoureusement vers l'image du Sauveur et prononça d'une voix faible, mais distincte, ces touchantes paroles: « Je sais bien, ô pieux Rédempteur, où l'on déposera mon corps ; mais j'ignore où sera transportée mon âme. Le corps a provisoirement sa demeure dans la terre, mais l'âme, ô bon Jésus, ô Sauveur éternel, où ira-t-elle habiter cette nuit? Qui viendra à son devant pour la recevoir et la consoler. Qui s'empressera de lui procurer un lieu de repos après les douleurs, les ennuis et les travaux de cette vie? Personne, ajouta-t-elle, si ce n'est vous, ô pieux Jésus, mon Sauveur. Mes proches s'éloignent de moi et je ne pourrai trouver de refuge qu'auprès de vous. Je vous rends ce que vous avez créé en moi. Je vous demande cette miséricorde sur laquelle j'ai tant compté. Je remets mon corps et mon âme entre vos mains, et vous, mes sœurs, portez-moi maintenant où il vous plaira. »

Pendant que ces dernières paroles arrachaient à toute l'assistance des sanglots et des larmes, l'humble servante du Christ fut soulevée de son lit et déposée, comme une pauvre étrangère d'ici-bas, sur la cendre et le cilice, et peu de temps après l'heure où le Sauveur mourant pour donner la vie aux morts, inclina la tête et rendit l'esprit, Raingarde s'endormit doucement dans le Seigneur, l'an 1154.

Elle quitta la terre sans regret et aurait pu répondre comme la mère d'Augustin à quelqu'un qui lui demandait si elle ne craignait pas de mourir loin de son pays: Oh, non, on n'est jamais éloigné de Dieu!

Ceux qui étaient présents, ajoute Pierre-le-Vénérable, nous ont attesté que, dans ce corps inanimé, ils avaient vu le rayonnement d'une âme déjà glorifiée ; son visage était plus brillant que la lumière, et la mort, qui flétrit toute beauté dans les autres, n'avait contribué qu'à rehausser la sienne.

L'abbé de Cluny n'avait appris la mort de sa sainte mère qu'à son retour du concile de Pise ; cette nouvelle l'atteignit en route comme un coup de foudre ; elle lui fut d'autant plus sensible que, se trouvant en compagnie d'archevêques, d'évêques et d'autres notabilités, il ne pouvait donner un libre cours à ses larmes et à sa douleur, il était forcé de les refouler au-dedans de lui-même ; il lui fut pourtant donné de trouver un petit coin pour exhaler en secret le trop plein de son âme.

« Le lendemain, dit-il, je m'approchai de l'autel pour recommander au pieux Rédempteur cette âme chérie, et, joignant le sacrifice d'un cœur contrit à l'hostie de propitiation, je suppliai la clémence divine de lui pardonner. La pensée que celle qui avait été ma lumière s'était éteinte sans jeter sur moi son dernier reflet, faisait saigner mon cœur plus vivement qu'une profonde blessure... Ce corps, que je n'étais pas digne de contempler pendant qu'il respirait encore, je l'arrosai de mes larmes; mais il était soustrait à ma vue et renfermé dans un cercueil.

» J'arrivai donc à Marcigny, et là, je trouvai cette grande et sainte compagnie de servantes de Dieu plongées dans le chagrin de sa mort. Elle avait passé près de vingt ans parmi elles ; c'était plus de temps qu'il n'en fallait pour apprécier cette vie angélique ; elles semblaient dire, par leurs continuels sanglots, qu'elles auraient presque autant aimé descendre avec elle dans la tombe que de lui survivre. »

Le récit de Pierre-le-Vénérable n'est point exagéré par l'amour filial. La désolation était générale parmi ce collège de vierges. L'une disait qu'elle avait perdu en elle une mère, nom qui rappelait sa tendresse et sa charité, l'autre, une fille, celle-ci une sœur et celle-là une servante, ce qui révélait son héroïsme et les bas offices auxquels daignait s'abaisser son humilité.

Durant ces jours de deuil, les affaires courantes de la maison étaient reléguées dans l'oubli. On ne daignait pas même s'occuper des besoins journaliers, tout le monde n'avait qu'une seule voix pour faire l'éloge de la défunte, et cet éloge, si bien mérité, trouvait un fidèle écho parmi tous les gens du dehors. Les étrangers civils ou militaires sans distinction, qui avaient reçu d'elle l'hospitalité, avouaient qu'ils ne reconnaissaient plus Marcigny depuis son départ pour l'éternité.

« Le lendemain, continue l'abbé de Cluny, à mon entrée dans le chapitre, et avant d'ouvrir la bouche pour parler, je fus reçu par une explosion de gémissements. Je pus cependant, au milieu de tout ce bruit, donner, selon le devoir de ma charge, l'absoute à l'âme de ma mère que les sœurs aidèrent sans doute à monter au ciel en répondant par un larmoyant *amen.* »

Ici se terminent les cérémonies funèbres de Raingarde, il ne reste plus à son fils qu'à payer la dette de sa reconnaissance aux sœurs de Marcigny dont le dévouement à sa sainte mère et à lui, a été au-dessus de tout éloge. Mais comme les compliments sient mal près d'une tombe à peine fermée, et qu'il faut à des âmes vouées par état au service de Dieu quelque chose de plus substantiel que de vaines phrases qui frappent les oreilles sans aller au cœur, c'est par la considération du néant des choses d'ici-bas qu'il va s'acquitter envers elles. Les paroles passent, mais la vérité demeure. « La voilà gisante, leur dit-il, dans cette sépulture, en présence de votre piété, cette servante de Dieu et la vôtre. Quoique inanimée et silencieuse, elle ne laisse pas de vous adresser, si vous daignez y faire attention, une pathétique et sublime exhortation; elle se présente continuellement à votre pensée et jette, pour ainsi dire, sa cendre à vos regards; quoique morte, elle semble crier à des mortelles comme elle, comme une sœur à ses sœurs, de vous souvenir d'elle et de ne pas vous oublier vous-mêmes; elle vous avertit du lieu où l'on inhumera vos corps et de celui où doit aller votre âme. Vous avez continuellement vos sépulcres sous les yeux, vous y voyez le dernier asile de l'humanité. Que cette vue soit une incessante prédication pour vous et que la fragilité des biens du temps vous apprenne à désirer ceux de l'éternité.

» Vos corps qui, selon le langage de l'apôtre, ne peuvent être vivifiés avant de mourir, ni reverdir avant d'avoir subi la corruption du tombeau, reposeront dans ce cimetière sacré comme la semence des arbres jetée en un jardin; il faut donc supporter courageusement la neige et les intempéries de la vie présente.

» Mais, viendra le temps où l'air, reprenant sa sérénité, remplacera les rigueurs de l'hiver par la douceur d'un admirable printemps, et forcera le germe de vos corps à sortir de terre et à se transformer en fleurs nouvelles et en fruits abondants lorsqu'ils seront revêtus d'incorruptibilité et d'immortalité. Vous chanterez alors de cœur et en réalité ce que vous ne pouviez chanter jusque-là qu'en espérance et à travers les ombres de la foi: les fleurs ont paru dans nos contrées; c'est alors qu'accourant avec vos lampes allumées au-devant de l'époux, vous serez admises à ses noces qui ne finiront jamais, et vous vous écrierez avec le prophète-roi: Ma chair a refleuri, j'en bénirai le Seigneur de toutes les puissances de ma volonté. »

Il semble qu'une allocution de cette nature dût faire germer, dans le cœur des sœurs, de nobles et sublimes résolutions ; tout concourait à la rendre éloquente, le temps, le lieu, l'orateur, l'auditoire et le sujet surtout roulant sur les misères de la vie qui ont pour terme la mort, et pour récompense les gloires de l'éternité, il n'en fallait pas davantage pour émouvoir jusqu'aux larmes et pousser jusqu'à l'héroïsme une assistance aussi pieuse et aussi recueillie que celle de Marcigny; aussi, Dieu seul pourrait nous dire ce qui se passa dans des âmes si bien préparées.

Mais ce n'est pas tout; Pierre-le-Vénérable aimait trop ses frères pour ne pas leur laisser une règle de conduite après la mort de Raingarde de si sainte mémoire. « Frères bien-aimés, dit ce grand serviteur de Dieu à Jordan, Ponce et Armand, vous à qui j'adresse cette lettre, vous, les fils d'une si grande mère, sachez qu'il serait honteux pour vous de ne pas vous montrer dignes d'elle. Reproduisez en vous l'amour que vous a légué dès votre enfance, celle qui vous a donné le jour. Que la même femme qui a formé vos corps, forme aussi vos âmes, afin que lui ressemblant par le sang, vous lui ressembliez aussi par la conduite... Puisse-t-elle vous engendrer de nouveau par son exemple et ses prières, jusqu'à ce que le Christ soit reproduit en vous, afin que par elle vous méritiez d'avoir pour père celui qui vous a donné une telle mère. »

Les recommandations de l'abbé de Cluny ne devaient pas se borner aux religieuses de Marcigny et à ses frères; il existait dans ce même couvent deux jeunes vierges qui avaient droit à un souvenir tout spécial de sa part, c'étaient ses deux nièces Poncie et Marguerite, filles de Hugues de Montboissier et petites-filles de Raingarde.

Après leur avoir tracé un tableau des plus séduisants de la virginité et du glorieux privilège qu'elle a de suivre l'agneau partout où il va, il leur dit en terminant : « Souvenez-vous de ma mère, votre sainte aïeule, rappelez-vous avec quel esprit de foi et de charité, elle vous a dérobées au monde et soustraites au démon pour vous consacrer à Dieu et vous associer à de saintes religieuses lorsque vous étiez encore toutes jeunes et incapables de distinguer votre main droite de la gauche.

» Ce qu'elle redoutait le plus pour vous, comme elle me l'a dit souvent à Marcigny, c'était de sortir de cette vallée de larmes avant d'avoir pu vous arracher aux filets des chasseurs et placer dans cette école de vertus en compagnie de saintes filles ; mais le Seigneur qui accomplit le désir et la volonté de ceux qui le craignent, a daigné, dans sa bonté, exaucer du haut du ciel les prières de sa servante.

» Imitez les sœurs et les mères avec lesquelles vous êtes appelées à servir Dieu, mais spécialement votre bienheureuse aïeule qui vous a précédées devant le Seigneur et qui, pendant sa vie et après sa mort, vous invite à marcher sur ses traces. Laissez-moi emprunter le langage du grand apôtre, disant à Timothée : Je suis pleinement consolé en songeant à cette foi sincère que j'ai toujours remarquée en vous et qui, après avoir éclaté dans Loïs, votre aïeule, et dans Eunice, votre mère, a passé heureusement en vous ; et moi, je vous dis : dans Raingarde votre aïeule, et dans Hugues, votre père, et j'espère que vous la conserverez toujours comme un héritage de famille. »

Après avoir parlé aux autres en termes si élogieux de sa sainte mère, l'abbé de Cluny fait comme une récapitulation de toutes ses bontés pour lui. « Sa sollicitude pour toi, se dit-il à lui-même, était continuelle ; elle s'oubliait elle-même pour concentrer toutes ses pensées en toi, elle craignait tout à ton sujet et ne voyait que dangers. Son âme était comme suspendue à tous les évènements et les rumeurs les moins sinistres suffisaient pour lui inspirer de l'inquiétude, dès qu'elle apprenait que tu portais tes pas en pays étrangers, elle te suivait par la pensée du fond de sa solitude. Si tu t'embarquais pour la Grande-Bretagne ou l'Italie, si tu prenais le chemin de Rome, elle traversait les mers avec toi, elle t'accompagnait sur la cime effrayante des Alpes ou dans les gorges profondes des Apennins, elle s'associait en esprit à tous tes dangers ; tu portais toute la responsabilité de ta charge, mais elle venait à ton aide ; tu courbais tes épaules sous le fardeau, mais elle te donnait des forces par ses prières ; elle allait, venait, se tourmentait pour conjurer chaque sœur en particulier et toutes en général d'implorer pour toi la miséricorde de Dieu. Elle s'adressait à cette fin, aux sœurs, aux frères et à tous venants. Elle s'était composé un recueil de prières à ton intention, afin que si celles qui te venaient d'ailleurs pouvaient te manquer, elle eut au moins la consolation journalière de les remplacer par les siennes. Les sœurs, s'il t'en souvient, t'ont souvent engagé à faire cesser le sujet de ses larmes et de ses inquiétudes, tu as répondu à leur appel, mais tes efforts n'ont abouti à rien. »

Telles sont les espèces de reproches que s'adresse à lui-même ce fils, confus de tant de bontés maternelles ; ils sont sans doute immérités, mais le propre de l'amour est de croire toujours n'avoir jamais fait assez pour la personne aimée ; et qui méritait plus d'être aimée qu'une mère de la valeur de Raingarde ?

Ce serait sans doute continuer d'étudier la mère, que d'envisager dans l'épanouissement de sa sainteté, le fils qu'elle laisse après elle. Ce gracieux ensemble de qualités et de vertus qui composent la vie de Pierre-le-Vénérable ne servirait qu'à rehausser la gloire de Raingarde, car l'excellence du fruit fait l'éloge de l'arbre qui l'a produit, mais nous laissons à des plumes plus habiles et plus jeunes, le soin d'accomplir cette glorieuse tâche qui nous avait d'abord souri.

Du reste, la sainte recluse de Marcigny est assez riche de son propre fonds pour se passer de quelques pages élogieuses de plus ou de moins qui n'ajouteraient rien à son bonheur présent.

Raingarde, il est vrai, n'a pas obtenu les honneurs d'un culte universel, il n'est intervenu à ce sujet aucune déclaration solennelle du Saint-Siège ; mais la voix publique, qui n'est que l'écho de celle de Dieu, l'a proclamée bienheureuse le long des siècles écoulés depuis son départ de ce monde jusqu'à nous ; elle a mérité, comme son fils, une des plus belles pages de l'année bénédictine qui se fait honneur et gloire de les compter parmi les saints de cet ordre à jamais célèbre. Voilà ce que l'on peut dire à la louange de ces deux grandes âmes, dont la brillante auréole a laissé un profond sillon de lumière à travers les âges qui les ont suivies.

Lamartine dit, en parlant de Pierre-le-Vénérable : le parfum de ses vertus était si pénétrant et si durable que le souvenir, après huit siècles, s'en est conservé du père au fils dans le peuple de la ville et de la vallée de Cluny, et que le hasard, ayant fait découvrir, il y a quelques années, une tombe que l'on croit être la sienne, les femmes et les enfants se disputèrent sa poussière par une tradition d'amour.

Quand à la dépouille mortelle de Raingarde, elle doit reposer dans quelque tombe ignorée du prieuré de Marcigny, si toutefois cette tombe n'a pas été profanée par les religionnaires qui, le 3 août 1562, ravagèrent Cluny et ses dépendances. On sait qu'à cette lamentable époque, les sectaires allèrent en plusieurs lieux jusqu'à violer l'asile sacré des tombeaux pour jeter au vent ou livrer aux flammes les nobles restes qu'ils étaient destinés à garder comme un dépôt, jusqu'au jour de la résurrection générale.

Le temps qui détruit tout, a pourtant respecté, à Marcigny, une ancienne chapelle bâtie jadis sur la clôture du prieuré, et convertie aujourd'hui en église paroissiale. C'est dans cette chapelle qu'un religieux de Cluny célébrait, avant 93, une messe pour les hommes qui n'avaient pas le droit de pénétrer dans la grande église des Bénédictines ; nous ignorons si le souvenir de Raingarde s'est conservé à Marcigny.

Mais, que son souvenir se soit conservé ou non, à Marcigny, et que ses cendres aient été jetées au vent, ou soient devenues la proie des flammes, ce que nous ignorons, sa mémoire ne périra pas pour cela en Auvergne. Elle est trop intimement unie à celle de Pierre-le-Vénérable, pour craindre l'oubli des siècles. Raingarde vit dans nos annales, comme alliée par son mariage à l'une des familles les plus illustres de l'époque féodale : elle vit dans l'éloquent éloge que nous en a laissé l'abbé de Cluny, son fils. Puisque je viens de prononcer le nom de Cluny, qui ne sait les nombreux rapports qui ont existé entre l'Eglise de Clermont et cette célèbre métropole monastique ? C'est l'Auvergne qui lui donna son fondateur dans la personne de Guillaume-le-Pieux, et deux de ses plus saints et plus illustres abbés, dans Odilon de Mercœur, et dans ce pieux Maurice de Montboissier dont nous aimons tant à parler.

La Bourgogne qui se glorifiait de posséder Cluny ne fut pas en retard d'échange avec l'Auvergne, elle fournit au Siège épiscopal de Clermont plusieurs prélats de grande valeur, tels que Robert, Jean de Mello, Jacques d'Amboise, qui fut enterré à Cluny, son abbaye favorite, et de nos jours Jean-Pierre Boyer, enfant de la Bourgogne par Paray-le-Monial, berceau de son origine.

Nous ne devons oublier non plus que la célèbre abbaye de Cluny possédait en Auvergne un grand nombre de prieurés d'hommes, et que le seul de femmes qui s'y trouvait, Laveine, était l'œuvre de Pierre-le-Vénérable dont on ne peut parler sans évoquer le souvenir de Raingarde.

On peut donc, sans craindre de se tromper, avancer que les ravages du temps ou la main des hommes auront dispersé jusqu'au dernier grain de poussière du vieux manoir de Montboissier, avant que la paroisse de ce nom et l'Auvergne aient oublié la mère et le fils, leurs gloires religieuses les plus pures au douzième siècle.

C'est pour raviver ces doux souvenirs et donner un nouvel épanouissement à sa dévotion pour Raingarde, que Montboissier célébra avec toute la pompe désirable, le 20 mai 1870, l'inauguration d'un tableau où la bienheureuse est représentée en costume religieux et vouant à Dieu Pierre-le-Vénérable.

La cérémonie fut présidée par un chanoine de la Cathédrale de Clermont, et le panégyrique de la sainte, prononcé par le supérieur de la mission diocésaine. Ce fut plus qu'une fête de famille, puisque les populations environnantes s'y étaient donné rendez-vous ; l'orateur prit pour tribune un des versants de la butte, et pour enceinte de son auditoire, la clairière d'un petit bois de pins. On aurait dit une de ces scènes bibliques où les peuples de la Judée, accourus sur les pas du Sauveur, venaient se reposer sur la mousse et l'herbe, pour écouter les oracles de la divine sagesse. Les grandes ombres de Pierre-le-Vénérable et de sa sainte mère semblaient planer sur l'assistance et rendre la voix aux échos endormis de Montboissier.

Après avoir payé un juste tribut d'hommage à la mère et au fils, l'orateur glissa quelques mots à l'adresse des bienfaiteurs de l'église du lieu, et la foule reconnaissante se prit à aimer et bénir plus que jamais la bonne et sainte dame de Montboissier.

Clermont-Ferrand, Imp. BELLET. — 1180.